# KREATIVES MINDMAPPING

## Methoden zum kreativen Erstellen praktischer Mindmaps

Verfasst von Miguël Lecomte

Übersetzt von Mareike Lobeck

# KREATIVES MINDMAPPING

## Methoden zum kreativen Erstellen praktischer Mindmaps

# KREATIVES MINDMAPPING

- **Ziel:** Der menschliche Verstand arbeitet auf äußerst komplexe Weise, weswegen es nicht immer einfach ist, Ordnung in die eigenen Gedanken zu bringen, vor allem, wenn viele verschiedene Dinge berücksichtigt werden müssen. Mindmaps helfen in solchen Fällen, Ideen geordnet darzustellen.
- **Anwendung:** Die Erstellung einer Mindmap (auch: Gedankenkarte) ermöglicht es, seine Ideen schnell zu Papier zu bringen und die einzelnen Elemente dabei gleichzeitig miteinander zu verbinden.
- **Arbeitskontext:** Präsentationen vor Kollegen oder Kunden, Notizen, Brainstorming, Projektplanung, Produktentwicklung etc.
- **FAQ:**
  - Was macht die Mindmap so besonders?
  - Wie beginne ich mit der Erstellung einer Mindmap?

- Eignen sich Mindmaps für Projekt-präsentationen?
- Welche Vorteile bietet das Mindmapping?
- Wie liest man eine Mindmap?
- Braucht man eine Software, um eine Mindmap zu erstellen?
- Muss ich mich mit Informatik auskennen, um eine Mindmapping-Software nutzen zu können?
- Kann mir Mindmapping beim Lernen helfen?
- Eignet sich eine Mindmap wirklich für jede Art von Projekt?

## EINLEITUNG

In unserer heutigen Gesellschaft sind wir alle der stetig wachsenden täglichen Flut an Informationen ausgesetzt. Aufgrund der Schnelligkeit, mit der uns diese Informationen erreichen, kann es schwierig bis problematisch sein, diese zu verarbeiten. Dabei außerdem effizient und möglichst schnell vorzugehen erscheint häufig als unlösbare Aufgabe.

Hier kommt das Mindmapping ins Spiel, das sich in seiner Funktionsweise am menschlichen

Gehirn orientiert. Sowohl Einzelpersonen als auch Gruppen können mit dieser Methode Informationen zusammenführen sowie strukturieren, wobei gleichzeitig ihr Denkvermögen gestärkt wird. Mindmapping bricht dabei mit geradlinigen Denkweisen und fördert stattdessen die freie Entfaltung der Gedanken. Dabei werden – ausgehend von einer Situation, einer Idee oder einem Problem – verschiedene weiterführende Möglichkeiten in Betracht gezogen.

In der Praxis wird beim Mindmapping auf Papier oder einem anderen Medium eine mentale Karte (eine Mindmap) erstellt. Von der Grundidee (dem Stamm) in der Mitte führen Verbindungen (Zweige) zu verknüpften Ideen. Um die Mindmap eindeutiger, logischer, übersichtlicher und strukturierter zu gestalten, können zusammengehörende Ideen entsprechend des Prinzips der Assoziation mit einer bestimmten Farbe versehen werden. Weitere unterstützende Visualisierungen wie Pfeile, Rahmen, Kästen, Zeichnungen und Anmerkungen vervollständigen die Mindmap.

Mindmaps können quasi für alle Themen und in jedem Kontext, sprich sowohl im Beruf

(Produktivitätssteigerung, Projektmanagement etc.) als auch privat (Lernen, Freizeit, Alltag etc.), eingesetzt werden. Mit dieser grafischen Darstellungsmethode wird auf äußerst effiziente Weise das kreative Potenzial einer Person entfaltet, sowie deren Fähigkeiten im logischen Denken voll ausgeschöpft – ganz unabhängig von ihrem Bildungsniveau.

Dieses Buch erklärt Ihnen leicht und verständlich, wie Mindmapping Ihnen bei Überlegungen zu einem bestimmten Thema helfen kann, indem Sie Ihre beiden Gehirnhälften ergebnisorientiert einsetzen.

# MINDMAPPING: DIE GRUNDLAGEN



## DEFINITION

**Beispiel einer Mind-Map**

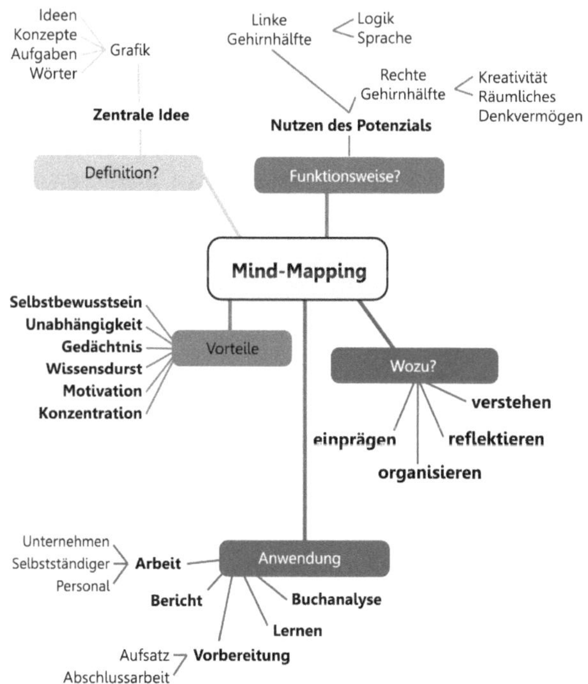

Beim Mindmapping handelt es sich um eine Darstellungsweise, die es der anwendenden Person ermöglicht, ihre assoziativen Gedanken festzuhalten. Dabei wird die Mindmap quasi zu einem Spiegel der Denkvorgänge im Gehirn. Durch die Anregung der Vorstellungskraft (mittels Schlüsselwörter, Bilder, Farben etc.) entsteht eine individuelle und einzigartige Visualisierung der Gedanken einer Person.

Auf der Mindmap bzw. Gedankenkarte werden Wörter, Piktogramme und Farben rund um ein zentrales Thema angeordnet. Die Grafik nimmt so die Form eines Baumes an, von dessen Stamm in der Mitte zahlreiche Zweige – sprich Ideen – abgehen.

## EINSATZFELDER

Gesundheit, Finanzen, Arbeit, Beziehungen, Ausflüge, Geschichte, Geografie, Wissenschaften, Meetings, Kochen... In allen Bereichen des Lebens, egal ob privaten oder beruflichen, kann die Mindmap zum Einsatz kommen.

# Im Beruf

Bei Gruppenarbeiten kann sich die Mindmap als einfaches und effizientes Arbeitsmittel erweisen. Sie zeigt, wie stichhaltig bereits fortgeschrittene Überlegungen sind und bietet damit eine Alternative zu gängigen Methoden linearer Darstellungsweisen. Dabei fördert Mindmapping Kreativität ebenso wie Produktivität, da dank ihrer Übersichtlichkeit und Einfachheit Zeit und/oder Geld gespart werden kann. So kann der Einsatz dieser Methode aktiv zur Leistungssteigerung des Unternehmens beitragen. Die Anwendungsmöglichkeiten sind dabei quasi endlos, da die Mindmap je nach Bedarf angepasst werden kann. Beispiele dafür sind:

- Zusammenarbeit zwischen Kollegen, Kunden oder Partnern
- Auswendiglernen von Präsentationen oder Vorträgen
- Verfassen von Artikeln, Zusammenfassungen, Briefen oder Pflichtenheften
- Organisation und Gestaltung von Projekten oder Meetings
- Zeitmanagement (durch das Hierarchisieren und Priorisieren bestimmter Aufgaben)

- Förderung der Kreativität bei der selbstständigen Arbeit oder beim Brainstorming in der Gruppe, um die Lösung für ein Problem zu finden oder potenzielle Risiken einer neuen Situation zu antizipieren
- Erstellung von Notizen während einer Konferenz, eines Meetings, eines Gesprächs oder auch beim Lesen eines Buchs (die Mindmap kann dabei ebenfalls mit traditionellen Notizen kombiniert werden)
- Präsentation bei einer Fortbildung, einem Vortrag etc.

## Gruppenarbeit

Da Mindmapping sich besonders für Aufgaben eignet, bei denen Kreativität gefordert ist, weil es das kreative Denken fördert und so die Ideenfindung in Gruppen vereinfacht, wenden es viele Unternehmen bei Brainstorming-Sitzungen an. Durch die dynamischen Interaktionen zwischen den Mitarbeitern entstehen zahlreiche Ideen, die mit einer Mindmap organisiert sowie analysiert werden können. In einem zweiten Schritt kann daraus dann ein Maximum an Denkanstößen gezogen werden.

Der konkrete Ablauf einer Arbeitssitzung sieht wie folgt aus:

- **Phase des divergenten Denkens (Kreativphase):**
  - Eine Gruppe von 4 bis 12 engagierten, motivierten Personen unterschiedlicher Profile wird von einem Gruppenleiter geführt, dessen Aufgabe darin besteht, den Austausch zwischen den Teilnehmern zu lenken und anzuregen, wobei er alle aufkommenden Ideen ohne Kommentar aufnimmt.
  - Vielfalt ist eine wichtige Inspirationsquelle. Erste, noch unausgereifte Ideen werden nicht kritisiert, da jede Idee Potenzial haben könnte.
  - Vorstellungskraft und Spontanität sind notwendige Voraussetzungen.
- **Phase des konvergenten Denkens (Kritikphase):**
  - Hier muss nun wie im Sport die „Vorlage verwandelt" werden, das heißt aus der Roh- eine Endfassung erarbeitet werden, indem aus den Ideen Lösungen entwickelt und neue optimierbare, realistische Ansätze gefunden werden, die Ergebnisse bringen. Schließlich wird eine begrenzte Anzahl an

Ideen ausgewählt und entsprechend des gegebenen Themas ausgearbeitet, während andere Ideen zur späteren Analyse und Ausarbeitung zur Seite gelegt werden.

Es ist nicht unwahrscheinlich, dass bei Brainstorming-Sitzungen komplexe Themen oder ehrgeizige Projekte strukturiert werden müssen. Mindmaps erweisen sich dabei als hilfreiche Methode, da sie einfach und intuitiv zu erstellen sind. Projekte unterschiedlicher Art können so unkompliziert gemanagt werden, denn die in der Mindmap angeordneten Elemente lassen erkennen, welche Möglichkeiten es für effiziente Zusammenarbeit gibt, und tragen so zum Erfolg bei.

**TIPP**

Achten Sie auf die folgenden Punkte, um den Teamgeist beim Austausch in der Gruppe zu bewahren:

- Es gibt keine schlechten Ideen, alles kann später ausgewertet werden.
- Versteifen Sie sich nicht auf ein Thema, da die Sitzung sonst schnell in nur eine einzige Richtung verläuft.

- Fördern Sie spontane Ideen.
- Regen Sie den Austausch, wenn nötig, weiter an, aber lassen Sie die Sitzung nicht endlos laufen. In der Regel ist eine Stunde ausreichend.

Um den Teilnehmern zu noch mehr Kreativität zu verhelfen, können Sie ebenfalls Rollenspiele planen, bei denen Sie Ort, Personen, Kontext oder bestimmte Elemente vorgeben.

- Versetzen Sie sich in die Rolle von Superhelden wie Hulk, Spiderman etc. Wie nehmen Sie das Hauptthema wahr, jetzt wo Sie über Superkräfte verfügen?
- Stellen Sie sich vor, Sie wären eine Person eines anderen Alters, anderen Geschlechts, mit einem anderen Beruf etc.
- Verwenden Sie die Technik des Umdeutens, indem Sie in einer eigentlich positiven Situation negative Aspekte suchen bzw. anders herum. Anstatt sich also die Frage zu stellen: „Was kann ich noch mehr machen?", fragen Sie sich: „Wie kann ich weniger machen?". Ein anderes Beispiel ist die Frage: „Welche(n) Vorteil(e) hätte mein Unternehmen, wenn es seine

Produkte gratis vertreiben würde?" Bei diesem Vorgehen soll so weit und originell wie möglich gedacht werden, um realistische und positive Lösungen zu finden. Negative Lösungen, die oftmals einfacher festzustellen sind, können ebenfalls leicht in ihr Gegenteil umgekehrt werden.

## Bildung

Das gleiche Vorgehen kann beim Lernen eingesetzt werden – und das ist eigentlich nichts Neues. Angeblich ist die Mindmap sogar in einer Schule entstanden. Denn welcher Schüler hat sich nicht schon ganz intuitiv Punkt für Punkt Grafiken und Zusammenfassungen erstellt, um sich eine große Menge an Lernstoff anzueignen?

Einige Mindmap-Softwares bieten auch eine Integration in MS Office an, wodurch Ideen zwischen den Anwendern ausgetauscht und in andere Formate umgewandelt werden können. Die Anwendungsbereiche sind in der Bildung ebenso vielfältig wie im Beruf. Mindmapping bietet sowohl Lehrern als auch Schülern Vorteile, insbesondere bei:

- der Darstellung von Unterrichtsplänen
- der Visualisierung von Konzepten
- der Erstellung von (Abschluss-)Arbeiten
- der Verbesserung des kritischen Denkens, indem verschiedene Sichtweisen betrachtet werden
- der Leitung von Brainstorming-Sitzungen
- etc.



## Die optimale Nutzung des Gehirns

Um seine grauen Zellen optimal einzusetzen, sollte man zunächst verstehen, wie das Gehirn funktioniert. Dieses besteht aus 170 Milliarden Zellen – davon 100 Milliarden Neuronen –, die es dem Menschen ermöglichen, zu denken, zu sprechen, sich Dinge vorzustellen, zu planen etc. Es ist in zwei Hälften geteilt: Die linke Gehirnhälfte ist verantwortlich für konkrete Fähigkeiten wie Rechnen, Hören, Sprache und logisches Denken. In der rechten Gehirnhälfte wiederum sind Intuition, Sehen, Interpretation und Gefühle verortet.

Anders als bei klassischen Notizen spricht das Mindmapping beide Gehirnhälften an, weswegen häufig gesagt wird, dass es die Art und Weise reflektiert, wie das Gehirn Informationen analysiert und verarbeitet: Eine Idee entsteht (zentrale Idee) und bei der anschließenden Analyse werden weiterführende Gedanken (Zweige, Überlegungsansätze) geformt, die sich nach und nach um die zentrale Idee anordnen. Die Darstellung in Baumstruktur, die Verwendung von Farben, Bildern und Schlüsselwörtern, um die Ideen voneinander abzugrenzen, ebenso wie die Verbindung einzelner Elemente, ermöglicht dem Gehirn, die übermittelte Botschaft schneller zu erfassen, als dies beim Lesen eines Fließtexts möglich ist.

Da der Mensch in erster Linie ein soziales Wesen ist, muss er lernen, zu teilen, zuzuhören und sich mit anderen austauschen, um sein Gehirn optimal zu nutzen. Mindmapping eignet sich zwar sehr gut für Einzelpersonen, doch gerade in Gruppen kann diese Methode effektiv angewendet werden. Teilen Sie Ihre Ergebnisse mit Ihren Kollegen, Ihrer Familie oder Ihren Freunden, um noch mehr potenzielle Lösungsansätze zu finden.

## Das richtige Material

Einer der großen Vorteile des Mindmappings ist, dass für die Erstellung nur sehr wenig Material benötigt wird:

- Papier, um beim schnellen Notieren die Ideen einfach austauschen und ordnen zu können: Die Verwendung von losen Blättern ist besonders praktisch, wenn Sie einen oder mehrere in der Mindmap festgehaltenen Aspekte weitergeben, scannen oder kopieren möchten.
- Bleistift, Radiergummi und Anspitzer für die ersten Skizzen
- Marker oder löschbare Stifte für die finale Version
- Filz- oder Buntstifte zum Organisieren der Informationen nach Farbe

Wenn Sie lieber am Computer arbeiten, sollten Sie sich mit einer der zahlreichen Mindmapping-Softwares vertraut machen. Dabei sollten Sie sich jedoch bewusst sein, dass diese zwar einige Vorteile bieten (wie die Möglichkeit, die Mindmap spontan zu ändern oder schnell Informationen zu teilen), aber weniger Raum für Kreativität lassen.

Jeder arbeitet auf seine eigene Art – entdecken Sie also Ihre eigene optimale Vorgehensweise!

## Ordnen der Ideen

Gerade wenn Sie über das Mindmapping Ihre Kreativität anregen wollen, sollten Sie mit der richtigen Einstellung an die Arbeit gehen. Sich mental vorzubereiten wird Ihnen zu mehr Ergebnissen verhelfen. Die folgenden drei Schritte können Ihnen dabei helfen:

- Konzentrieren Sie Ihre Gedanken auf das Ziel, dass Sie mit Ihrer Tätigkeit verfolgen und blenden Sie alles andere aus. Indem Sie sich das optimale Ergebnis vorstellen, wächst in Ihnen der Wille, dieses zu erreichen.
- Nehmen Sie sich eine Idee, ein Problem oder ein Konzept vor und benutzen Sie Ihre ganze Vorstellungskraft, um ihr/ihm eine Form zu geben.
- Diese Form bzw. dieses Bild nehmen Sie nun als Ausgangspunkt für Ihre Überlegungen und fügen ihr/ihm so viele Unterkategorien wie möglich hinzu, beispielsweise zu erledigende Tätigkeiten, offene Fragen etc.

# Erstellung der Mindmap

Um nun Ihre Überlegungen zu Papier zu bringen, bietet sich eine Mindmap an. Denn diese dient Ihnen als Grundlage und solide Struktur für Ihre Ideen (die sonst nicht unbedingt leicht zu ordnen sind), sodass Sie in der Flut von Informationen nicht untergehen.

Beginnen Sie mit einer ersten Version, angefangen beim Hauptthema. Fügen Sie diesem erst ein, dann weitere Elemente hinzu und schreiben Sie alles auf, was Ihnen einfällt (versuchen Sie dennoch nicht mehr als 10 Elemente auf dieser ersten Ebene anzuordnen). Fassen Sie diese dann in einem Schlüsselwort, einer Zeichnung oder einem Piktogramm zusammen.

**TO DO: SCHLÜSSELWÖRTER AUS EINEM EINZIGEN WORT**

Vermeiden Sie Sätze und zusammengesetzte Wörter, da sich Ihre Fantasie anschließend auf diese erste Richtung, in die sie gedacht haben, beschränken wird. Ein einzelnes Wort führt hingegen zu einer größeren Anzahl an Assoziationen. Wenn Sie von einem vorherigen Schlüsselwort auf die Idee „Blumenstrauß" gekommen sind, werden Sie sich in der

Folge wahrscheinlich ausschließlich auf dieses Bild konzentrieren. Wenn Sie jedoch einfach „Blumen" schreiben, können Sie Ihre Perspektive auf weitere Begriffe ausdehnen, wie beispielsweise „Garten", „Natur", „Boden", „pflücken", „wachsen", „Frühling" etc.

Sie werden schnell feststellen, dass eine Idee zu vier oder fünf neuen Ideen führen kann, die wiederum weitere Überlegungen auslösen. Probieren Sie dabei ganz unterschiedliche Alternativen Ihrer zentralen Idee aus, bleiben Sie spontan und erweitern Sie so die Palette an Möglichkeiten. Scheuen Sie sich auch nicht, Änderungen vorzunehmen, Dinge zu streichen, wegzuradieren, auf eine Idee zurückzukommen etc. Schließlich werden Sie Ihren ersten Entwurf später noch sauber abschreiben.

Nun können Sie Ihre Ideen miteinander verbinden. Nutzen Sie dafür Pfeile, Piktogramme und/oder Zeichnungen. Zeichnungen als Gedächtnishilfen und nützliche Anmerkungen unterstützen Sie zusätzlich, da sie Ihre Fantasie anregen und so zu erstaunlichen neuen Lösungswegen führen können. Damit können Sie Ihre Fähigkeiten, ein Thema anzugehen und zu analysieren, noch weiter ausbauen.

Beispiele für Assoziationen:

- Hund = Schutz
- Stein = bauen
- Vogel = Freiheit
- gestreckter Zeigefinger = in diese Richtung gehen
- Bombe = Vorsicht
- etc., entsprechend Ihrer persönlichen Wahrnehmung

Beispiele für Piktogramme:

Die Verwendung der Farben spielt eine essentielle Rolle in der Erstellung Ihrer Mindmap:

- Das Gehirn nimmt Farben äußerst deutlich auf und klassifiziert sie. Sie stehen daher für verschiedene Konzepte und erinnern an bestimmte Lebensbereiche:
  - rot = Revolution, Liebe, Leidenschaft
  - schwarz = Mysterium, Stille, Autorität, Leid
  - blau = (Welt)Raum, Meer, Treffen
  - gelb = Freude, Feier, Teilen
  - weiß = Frieden, Ruhe, Ausgeglichenheit, Reinheit
  - etc.
- Farben beeinflussen die Stimmung! Die Kombination von Farben, die vielfältigen Abstufungen, sowie ihre emotionale Kraft erfreuen das Auge und sorgen automatisch für gute Laune. Ein gut gelaunter Mensch hat zudem höhere Chancen, seine Ziele zu erreichen, als ein teilnahmsloser. Außerdem merkt man sich in der Regel das, was einem gefällt, besser.

**TIPP**

- Stellen Sie die zentralen Überlegungen dicker dar als die Nebenäste, um Ihrem

Gehirn so deutlich zu machen, in welcher Reihenfolge die Ideen stehen.

- Heben Sie manche Inhalte hervor, indem Sie die Größe oder Darstellung ändern etc.
- Rahmen Sie die Schlüsselwörter nicht ein, sondern lassen Sie sie frei: So dienen sie Ihnen weiterhin als Inspirationsquelle.
- Überlegungen, die eine logische Einheit bilden (dieselbe Idee, dasselbe Konzept etc.), sollten Sie hingegen mit einer Wolke/einem Kreis/einem farbigen Kasten kennzeichnen.
- Wenn Sie eine Software verwenden, erstellen Sie Hyperlinks zu Quellen, Referenzen oder Zusatzinformationen.
- Wenn Sie die Mindmap per Hand erstellen, sollten Sie für die Lesbarkeit gerade schreiben.
- Verbinden Sie die Zweige untereinander und lassen Sie keinen Platz zwischen zwei Elementen, um die Ideen auch mental miteinander in Verbindung zu bringen.
- Wenn Sie glauben, fertig zu sein, sollten Sie noch einige leere Zweige einfügen, um Ihre Fantasie weiter anzuregen und Ihr Gehirn dazu zu bringen, mehr Assoziationen zu knüpfen.

Als ich damit begann, an meinem ersten Roman zu schreiben, kannte ich Mindmapping ehrlich gesagt noch gar nicht. Das Manuskript schlummerte dann auch erst mal fast zehn Jahre in einer Schublade, bis ich die 90 geschriebenen Seiten und meine Übersicht, die ich dafür erstellt hatte, wiederfand. Nach einigen Anpassungen ist mir aufgefallen, dass mein Ausgangsplan eigentlich der folgenden Grafik ähnelte:

## Plan des ersten Romans

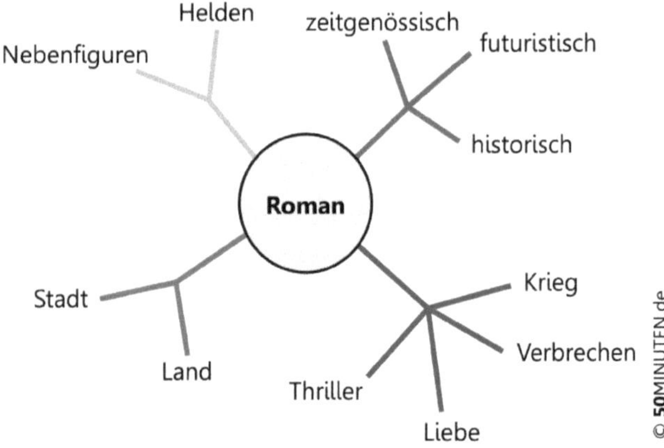



Dieser Plan ist eindeutig noch zu simpel. Ich hätte zum Beispiel ein Buch zeichnen können, in dem „Roman" steht, um den Plan visuell ansprechend zu gestalten, ich hätte auch Farben verwenden, Piktogramme zeichnen, Anmerkungen machen, weitere Zweige hinzufügen können usw.

Es gibt so viele Möglichkeiten, dass ich nur empfehlen kann, immer wieder neue Methoden auszuprobieren, sich etwas auszudenken, Neues zu erschaffen. Der erste Versuch sieht vielleicht auch nur so aus wie meine unausgereifte Skizze (die mir dennoch geholfen hat, meinen ersten Roman aufzubauen. Denn von der ersten Seite an wusste ich dank meiner Ausgangsidee, wo ich hinwollte. Die Übersichtlichkeit der Zeichnung hat mich auf einige gute Ideen gebracht...), doch schon nach kurzer Zeit werden Sie Ihre Mindmap auf Ihre Weise und ganz intuitiv füllen und so ein Ergebnis erhalten, das Sie zufriedenstellt.

## FreeMind

FreeMind (aktiv weiterentwickelt wird heute Freeplane, eine Abspaltung des Programms) ist ein praktisches freies Computerprogramm, mit dem Mindmaps erstellt werden können. Es ist einfach über Suchmaschinen zu finden.

Meine unausgereifte Zeichnung hätte mithilfe eines für solche Zwecke ausgelegten Programms (neben FreeMind eignen sich ebenfalls Word, LibreOffice etc.) auch wie die folgende Grafik aussehen können:

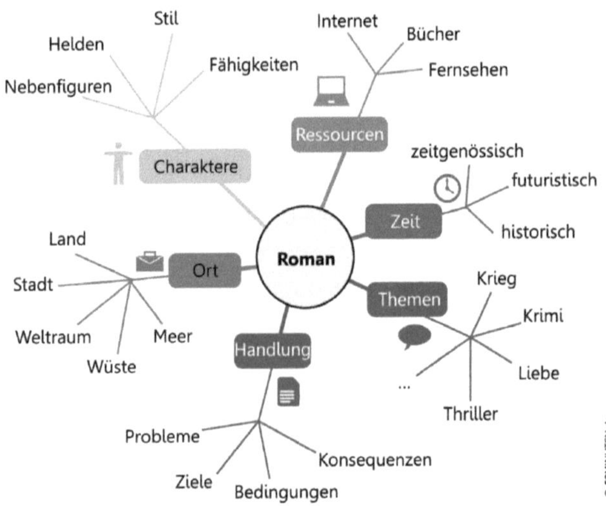



Hier entstehen so viele Ideen, dass auch diese Mindmap sicherlich noch weitergeführt werden könnte. Natürlich hätte sie ebenso gut per Hand gezeichnet werden können. Die Darstellungsweise hängt ganz von Ihren Wünschen und Anforderungen ab.

Aber lassen Sie uns noch einen Schritt weiter gehen! Nach dieser ersten Mindmap zum Brainstorming, die die verschiedenen Möglichkeiten für das Schreiben eines Romans bewertet, kann ebenfalls die Handlung in einer Mindmap dargestellt werden:

## Mind-Map der Handlung

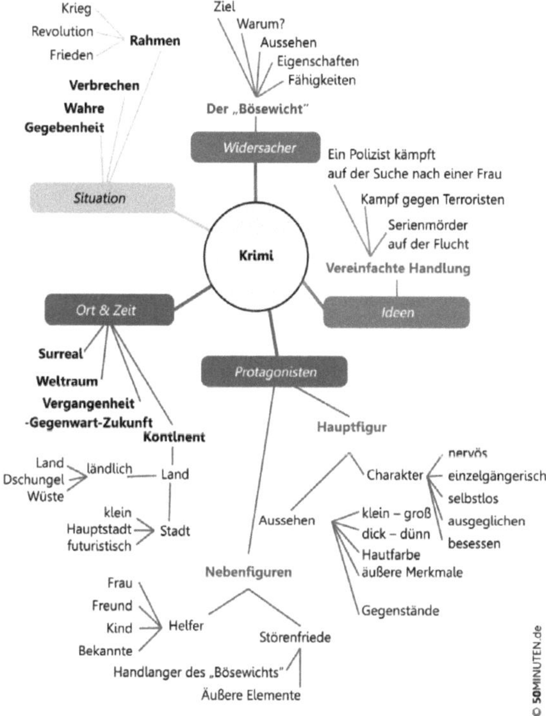

# TOP TIPPS

- Benutzen Sie Ihr Blatt im Querformat, um den Platz besser nutzen zu können und die Ideen nicht dicht gedrängt aufschreiben zu müssen.
- Verwenden Sie Schlüsselwörter, damit sich die Ideen weiterentwickeln können. Vermeiden Sie auch kurze Sätze, da diese Ihre Fantasie einschränken.
- Ordnen Sie Ihre Ideen mithilfe von grafischen Elementen:
  - Verwenden Sie, wenn möglich, Bilder und Piktogramme, da diese eine Sofortwirkung haben.
  - Zeichnen Sie die Zweige der zentralen Ideen dicker als die Nebenzweige. Ihr Gehirn erkennt so die verschiedenen Ebenen Ihrer Mindmap.
  - Ändern Sie die Schriftgröße, um einige Wörter hervorzuheben.
  - Verwenden Sie 3D-Effekte für Ihre Zeichnungen, um ihnen so mehr Gewicht und Präsenz zu geben. Das verstärkt die Wirkung, die sie auf das Gehirn haben und belebt Ihre Mindmap, was ebenfalls dabei hilft, sie sich einzuprägen.

- Farben sind äußerst wichtig, um die Ideen voneinander abzugrenzen. Gehen Sie von der zentralen Idee aus und verwenden Sie eine Farbe pro Zweig der ersten Ebene. Ihre Mindmap wirkt so nicht nur strukturierter, sie sieht auch schöner aus.
  - Ordnen Sie Ihre Ideen alphabetisch oder nach Zahlen, um das Lesen und Einprägen der Mindmap zu erleichtern.
- Fügen Sie leere Zweige hinzu, damit Ihr Gehirn weitere Assoziationen knüpft und Sie auf neue Ideen kommen.
- Schreiben Sie gut leserlich und streichen Sie (in der Endfassung) nichts durch. Ein ordentliches Dokument wirkt ansprechend auf den Leser.
- Alleine ist gut, aber gemeinsam noch besser! Die Arbeit in der Gruppe ist nicht nur geselliger, es entstehen so auch mehr und vielfältigere Ideen.
- Richten Sie sich (und Ihrer Gruppe) einen geeigneten Arbeitsplatz ein.
- Da für das Mindmapping nicht viel Material benötigt wird, ist die Methode auch recht günstig. Achten Sie daher darauf, sich qualitativ hochwertig auszustatten.

- Es gibt ein großes Angebot nützlicher Software. Testen Sie, welches für Ihren Zweck am geeignetsten ist.
- Teilen Sie Ihre Erfahrung und Ihre Mindmaps im Internet, mit Ihrer Familie und Ihren Freunden, um sich so noch mehr Ideen zu holen.

# FAQ

## WAS MACHT DIE MINDMAP SO BESONDERS?

Mindmapping hebt sich von anderen Methoden durch die Vorgehensweise ab: Wie im Gehirn werden für eine Mindmap über Assoziationen Ideen entwickelt. Der stark visuelle Aspekt dieser Methode ermöglicht es, schnell auf nur einem Blatt Papier seine eigenen oder die während eines Meetings bzw. Gesprächs gesammelten Ideen zu organisieren. Nicht nur die Notizen werden so verbessert, auch das Einprägen fällt mit einer Mindmap leichter, da die Elemente miteinander verbunden sind.

Allerdings werden so sehr viele Elemente mit einbezogen, sodass Mindmaps schnell unübersichtlich werden. In diesem Fall besteht die Möglichkeit, sie in Unterkarten auf einzelnen Blättern aufzuteilen, um die Informationen einfacher darzustellen und damit den Überblick und die Einprägsamkeit zu erleichtern.

# WIE BEGINNE ICH MIT DER ERSTELLUNG EINER MINDMAP?

Wenn Sie Ihre Mindmap mit einer Software erstellen möchten, sollten Sie diese zunächst gut beherrschen. Der größte Vorteil des Mindmappings, das heißt die Geschwindigkeit, in der die Ideen geordnet werden können, geht nämlich verloren, wenn Sie sich mit dem Programm noch nicht auskennen.

Wenn Sie sich für ein klassisches Medium entscheiden, sprich ein Blatt Papier oder eine Tafel, sollten Sie zunächst das Thema bzw. die Hauptidee der Mindmap bestimmen und in der Mitte Ihres Mediums anordnen. Dabei kann es sich um ein einzelnes Wort handeln, Sie können aber ebenso gut ein Bild finden, das für Ihre Idee spricht, und es mithilfe einer Zeichnung oder eines aussagekräftigen Piktogramms veranschaulichen. Danach lassen Sie einfach Ihre Ideen sprudeln, ohne groß über ihre Anordnung nachzudenken. Stellen Sie zunächst lediglich die Verbindungen her, die Ihnen spontan einfallen. Im Anschluss haben Sie genügend Zeit, um Struktur in Ihre Mindmap zu bringen.

## EIGNEN SICH MINDMAPS FÜR PROJEKTPRÄSENTATIONEN?

Natürlich bietet sich diese Möglichkeit an. Allerdings sollten Sie dabei im Hinterkopf haben, dass Ihre Mindmap anderen nicht unbedingt so logisch erscheint wie Ihnen. Verwenden Sie also nicht die Skizze, mit der Sie Ihre Ideen entwickelt haben und überarbeiten Sie Ihre Mindmap, damit sie auch für ein größeres Publikum verständlich wird. Erstellen Sie so eine möglichst einfache Karte, die dank Farben und Schlüsselwörtern eine übersichtliche Struktur aufweist. Die Übersichtlichkeit der Mindmap macht aus ihr ein hilfreiches Kommunikationsmittel für Ihre Ideen.

## WELCHE VORTEILE BIETET DAS MINDMAPPING?

- Mindmapping lässt sich leicht erlernen, sodass jeder eine Mindmap erstellen kann.
- Beim Mindmapping werden im Gegensatz zur linearen Anordnung von Ideen beide Gehirnhälften angesprochen. Das hilft bei der Ordnung von Überlegungen.

- Mindmaps können vielseitig eingesetzt werden.
- Die Verwendung von Schlüsselwörtern, Piktogrammen und Pfeilen erleichtert das Notieren der Ideen.
- Mindmaps haben eine visuelle Wirkkraft, die die Aufmerksamkeit des Betrachters fesselt. Dank ihrer originellen, spielerischen und kreativitätsfördernden Form können Sie sich besser auf Ihre Ideen konzentrieren und Ihr Publikum kann Ihnen besser folgen.
- Bei einer Präsentation vor Publikum hilft Ihnen die Mindmap, Ihren Vortrag einfacher anzupassen, sowie souveräner und flüssiger vorzutragen, da Sie von einer Idee zur nächsten wechseln können, ohne den Faden zu verlieren.
- Mit einer Mindmap können Sie sich schnell einen Gesamtüberblick verschaffen, wodurch Sie leichter verstehen, wie die einzelnen Elemente miteinander verbunden sind.
- Indem man seine Ideen in einer Mindmap anordnet, kann man sie sich ebenfalls leichter merken.

# WIE LIEST MAN EINE MINDMAP?

Eine Mindmap wird von der Mitte nach außen gelesen. Dabei beginnt man in der Regel mit den Zweigen oben rechts und geht dann im Uhrzeigersinn weiter.

Sie können Ihre Lesart natürlich anpassen, wenn für Sie beispielsweise nur ein Teil der Mindmap von Interesse ist. In diesem Fall werden Sie sich sicherlich auf einen bestimmten Zweig der Karte konzentrieren, oder aber Sie lesen die gesamte Karte und haken ab, was Sie besonders interessiert.

# BRAUCHT MAN EINE SOFTWARE, UM EINE MINDMAP ZU ERSTELLEN?

Zur Erstellung einer Mindmap reicht ein einfaches Blatt Papier aus. Allerdings kommt es auch darauf an, wie professionell Sie Mindmapping einsetzen wollen. Benutzen Sie Mindmaps nur privat, kann Ihnen eine Software sicherlich die Arbeit erleichtern, zwingend notwendig ist sie aber nicht. Für Mindmaps im Beruf ist ihr Einsatz jedoch aus praktischen Gründen, sowie aufgrund von Schnelligkeit und Produktivität empfehlenswert.

## MUSS ICH MICH MIT INFORMATIK AUSKENNEN, UM EINE MINDMAPPING-SOFTWARE BENUTZEN ZU KÖNNEN?

Die kostenlosen Mindmapping-Softwares, wie beispielsweise FreeMind, sind äußerst einfach zu bedienen. Sie wurden sowohl für Einsteiger als auch Fortgeschrittene entwickelt. Grundkenntnisse von Office-Programmen (Word, LibreOffice etc.) können sich als nützlich erweisen, um sich schnell in der Mindmapping-Software zurechtzufinden.

## KANN MIR MINDMAPPING BEIM LERNEN HELFEN?

Mindmapping bietet Schülern und Studenten zahlreiche Möglichkeiten:

- Notizen machen
- Texte zusammenfassen
- vor einer Prüfung Lernstoff zusammenfassen und die wichtigen Punkte lernen
- Ideen organisieren, bevor mit dem Verfassen einer Arbeit begonnen wird
- Arbeitsplanung
- etc.

## EIGNET SICH EINE MINDMAP WIRKLICH FÜR JEDE ART VON PROJEKT?

Kann man eine Mindmap beispielsweise einsetzen, um seinen Gemüsegarten zu bestellen? Klar! Der Gemüsegarten ist dann das zentrale Thema. Von diesem gehen Zweige für die Samen, Gemüsearten, Saisons, Anpflanzungsweisen, Gartengeräte, Dünger etc. ab. Damit haben Sie schon ein Beispiel für eine kleine Mindmap. Sie können Mindmaps aber ebenso gut für umfassende Unternehmensprojekte oder Investitionen an der Börse verwenden.

# JETZT SIND SIE GEFRAGT!

In fünf Schritten zur Mindmap:

## SCHRITT 1

Nehmen Sie sich das Hauptthema Ihrer Mindmap vor – in diesem Fall „Reisen" – und weisen Sie diesem ein Bild oder eine aussagekräftige Zeichnung zu, die Ihre Fantasie stärker anregen als einfache Wörter.

## SCHRITT 2

Ordnen Sie dieses Bild in der Mitte Ihres Blatts an. Sie können ihm ebenfalls das Hauptthema als Überschrift geben. Verwenden Sie für beides möglichst viele Farben, damit sie die Aufmerksamkeit des Betrachters auf sich lenken. Sorgen Sie für 3D-Effekte, fügen Sie weitere Details hinzu etc. Geben Sie sich mit diesem Teil der Mindmap besonders Mühe, denn er stellt den Kern Ihres Projekts dar.

**Zentrales Element**

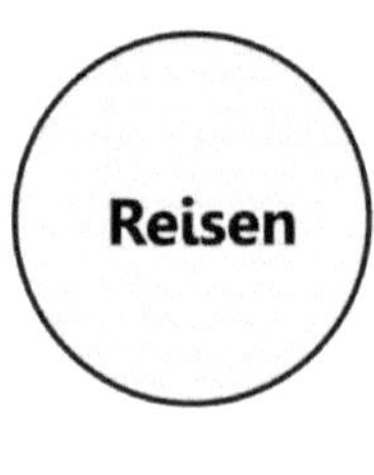




## SCHRITT 3

Fügen Sie nun 5 bis 12 Zweige hinzu, auf die Sie Ihre ersten Ideen schreiben (Schlüsselwörter) und (aussagekräftige) Bilder anordnen. Behalten Sie dabei das Thema Ihrer Mindmap (zentrales Element) im Hinterkopf. Wenn Sie bei diesem Schritt schon auf weitere assoziative Ideen gekommen sind, sollten Sie sie nicht verwerfen, sondern Unterzweige erstellen. Schränken Sie sich nicht ein, nur um eine bestimmte Reihenfolge einzuhalten.

# SCHRITT 4

Fügen Sie Ihrer Mindmap weitere Bilder und Schlüsselwörter hinzu, die in Zusammenhang mit den vorherigen stehen (die der „ersten Ebene"). Entspannen Sie sich, aber überlegen Sie weiterhin konzentriert. Entwickeln Sie Ihre Ideen, indem Sie Ihre Mindmap weiter verzweigen.

# Ausarbeitung

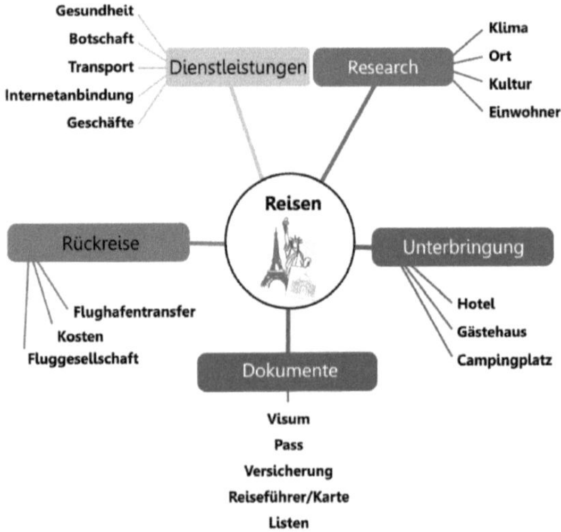

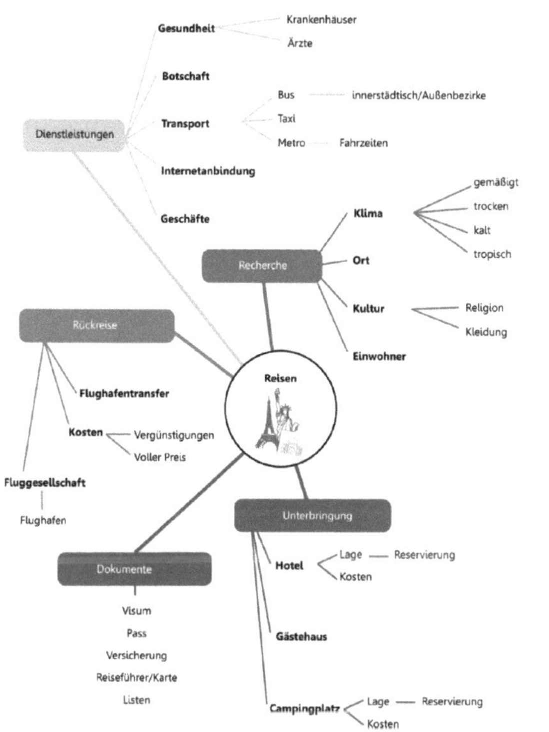



# SCHRITT 5

Gehen Sie weiter so vor und füllen Sie Ihre Mindmap, bis Sie mit dem Ergebnis zufrieden sind. Sie können nun Details einfügen, um Ihre Arbeit zu vervollständigen und zu verschönern.

- Perfektionieren Sie Ihre Zeichnungen.
- Ordnen Sie Ihre Ideen bei Bedarf neu an (dieser Schritt ist einfacher, wenn Sie mit einer Software arbeiten).
- Fügen Sie Farben hinzu bzw. ändern oder entfernen Sie sie.
- Geben Sie dem Inhalt eine neue Struktur.
- Fügen Sie Piktogramme hinzu.
- Lassen Sie Ihrer Fantasie freien Lauf, um alles ansprechend zu gestalten.

# Endversion

Gesundheit
Krankenhäuser
Ärzte
Botschaft
Dienstleistungen
Transport
Bus
innerstädtisch/Außenbezirke
Taxi
Metro
Fahrzeiten
Internetanbindung
Geschäfte
Supermarkt
Bank
Post
Klima
gemäßigt
trocken
kalt
tropisch
Recherche
Ort
Kultur
Religion
Kleidung
Einwohner
Wachstum
Regierungsform
Rückreise
Reisen
Flughafentransfer
Kosten
Vergünstigungen
Voller Preis
Fluggesellschaft
Flughafen
Abflug
Ankunft
Unterbringung
Hotel
Lage — Reservierung
Kosten
Dokumente
Gästehaus
Name
Telefonnummer/E-Mail-Adresse
Reservierung
Visum
Pass
Versicherung
Reiseführer/Karte
Listen
Campingplatz
Lage — Reservierung
Kosten

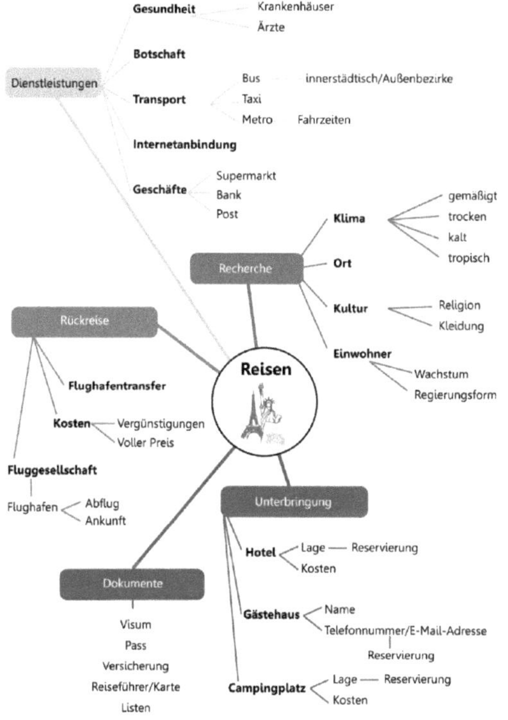

# DARÜBER HINAUS

## LITERATURVERZEICHNIS


- Deladrière, Jean-Luc; et al.: *Organisez vos idées avec le Mind Mapping*. Dunod: Paris 2004-2007.

- Delangaigne, Xavier; Mongin, Pierre: *Boostez votre efficacité avec FreeMind, FreePlane et Xmind. Bien démarrer avec le Mind Mapping*. Eyrolles: Paris 2010.


## WEITERFÜHRENDE LITERATUR


- Buzan, Tony; Buzan, Barry: *Das Mind-Map-Buch. Die beste Methode zur Steigerung Ihres geistigen Potenzials*. mvg Verlag: München 2013.


## NOCH NICHT GENUG?


- Homepage von FreeMind. http://freemind.sourceforge.net/wiki/index.php/Main_Page (29.01.2019).

- Homepage von MindJet. https://www.mindjet.com/de/ (29.01.2019).

- Homepage von MindMeister. https://www.mindmeister.com/de (29.01.2019).

- Homepage von MindNode.
  https://mindnode.com/ (29.01.2019).

- Homepage von Mindomo.
  https://www.mindomo.com/de/ (29.01.2019).